Risolau
1
10
Pierogi
Hotteok
EWROP
ASIA
Baozi
8
AFFRICA
6
Awstralia
7
Supplì
CEFNFOR
INDIA
2
Limonana
Masala bhutta
ANTARCTICA

I Eddie, Kevin a Kabir.

GS

I Dewi a Sally.

VL

Bwyd y Stryd, Bwyd y Byd

atebol

I goginio'r ryseitiau yn y llyfr hwn, mae angen defnyddio offer miniog, offer poeth, dŵr berw ac olew poeth; mae goruchwyliaeth oedolyn yn hanfodol i sicrhau coginio diogel.

Mae llawer o'r ryseitiau yn cynnwys alergenau fel cnau, cynnyrch llaeth, glwten ac wyau, felly gwnewch yn siŵr eich bod yn gwirio pob rhestr cynhwysion am alergenau allai fod yn niweidiol i chi, eich teulu neu eich ffrindiau.

atebol

Cyhoeddwyd yng Nghymru yn 2025 gan Atebol
Adeiladau'r Fagwyr, Llanfihangel Genau'r Glyn,
Aberystwyth, Ceredigion, SA24 5AQ

ISBN: 9781801064538

Dyluniwyd gan Tanwen Haf
Addaswyd y stori gan Joanna Davies
Addaswyd y ryseitiau gan Linda Lockley
Darllenydd sensitifrwydd: Natalie Jones

atebol.com

CYMYSGEDD
Yn cefnogi coedwigaeth gyfrifol
FSC® C114687
www.fsc.org

Argraffwyd yng Nghymru

RHYNGOM
PLETHU POBL DRWY LYFRAU

BLACK HISTORY WALES

HANES POBL DDUON CYMRU

Noddir gan Lywodraeth Cymru
Sponsored by Welsh Government

I Alys a Annie

Gail

Bwyd y Stryd, Bwyd y Byd

Stori gan
Gail Sequeira

G Sequeira

Darluniau gan
Valériane Leblond

Addasiad gan Joanna Davies

atebol

Ryseitiau Bwyd y Stryd

"Allwn ni ddim codi dim mwy, Mr Thomas. Does dim lle ar ôl i'w storio nhw," pwffiodd Eddie wrth wthio whilber yn llawn tatws.

Y Clwb Garddwyr Ifanc oedd project mwyaf llwyddiannus Ysgol Gynradd Dewi Sant. Roedd Mr Thomas, oedd yn gofalu am y clwb, yn adnabod pob modfedd rhwng pedair wal yr ardd, o'r coed hynaf i'r hadau newydd. Gwenodd wrth iddo droi i gerdded gydag Eddie tuag at y sièd.

Roedd e'n dal i gofio pan wnaeth Ms Roberts droi'r allwedd fawr yn y clo a'i arwain drwy'r hen giatiau haearn cyrliog pan oedd yn un ar ddeg oed. Hi oedd gofalwraig y clwb garddio ar y pryd, ac erbyn heddiw, Ms Roberts oedd y llywydd anrhydeddus. Dyma pryd y syrthiodd mewn cariad â'r lle.

"Fe wnawn ni stopio am heddiw, te," dywedodd Mr Thomas, wrth iddo olchi ei ddwylo yn y tanc storio dŵr glaw roedd y clwb wedi ei adeiladu y llynedd.

Er eu bod nhw'n plannu'r moron, bresych a thomatos arferol, roedd pob aelod yn cael plannu un peth ychwanegol. Roedd Bartek wedi dewis sbigoglys eleni, ac Eddie wedi plannu tatws, fel arfer. Roedd Ana-Carolina wedi dewis pwmpen, Zeenab wedi mynd am gnau mwnci, a Miriam eisiau plannu mwy o flodau i'r gwenyn.

Roedd yr holl fwyd roedd y plant yn ei dyfu yn cael ei rannu rhwng cegin yr ysgol a theuluoedd lleol. Roedd unrhyw beth oedd dros ben yn cael ei werthu mewn gŵyl fwyd ddiwedd yr haf. Dyma pryd fyddai ffrindiau, teulu a chyn-aelodau'r clwb garddio yn dod at ei gilydd yng ngardd yr ysgol i brynu cynnyrch ffres. Roedd yn gyfle gwych hefyd i ddathlu gwaith caled y garddwyr ifanc dros y flwyddyn ddiwethaf.

Yn sydyn, pwy ddaeth fel mellten drwy'r giatiau tuag atyn nhw ond Mrs Jones, y pennaeth. Doedd Eddie ddim yn rhy hoff o siarad gyda phobl y tu allan i'r Clwb Garddio, felly rhuthrodd i'r sièd gyda'r whilber a dechrau dadlwytho'r tatws yno.

"Stad o dai newydd!" dywedodd Mr Thomas yn syn, gan wneud i Eddie neidio.

"Ie, mae gen i ofn bod y Cyngor wedi gwneud eu penderfyniad. Mae'n ddrwg iawn gen i. Dwi'n gwybod cymaint mae'r ardd yma'n ei olygu i chi a'r plant ..." Aeth llais Mrs Jones yn dawelach wrth iddi geisio cysuro Mr Thomas.

Neidiodd Eddie allan drwy'r ffenest agored a rhuthro i'r ardd cyn gynted ag y gallai i ddweud wrth y lleill.

"DYW E DDIM YN DEG!" gwaeddodd Ana-Carolina wrth daflu ei rhaw ar y llawr, gan wneud i Kabir neidio. Dyma'r tro cyntaf iddi golli ei thymer ers ymuno â'r Clwb Garddwyr Ifanc.

"Fe gawson ni weld popeth yn tyfu, o leia," dywedodd Luca, gan geisio dod o hyd i rywbeth positif i'w ddweud am y sefyllfa, fel roedd e wastad yn ei wneud.

Edrychodd Katie yn ddig. "Roedd newyn mawr a phobl yn llwgu yn Tsieina rhwng 1959 a 1961, pan oedd fy popo, fy mam-gu, yn fach. Roedd 'Chairman Mao', oedd yn arwain y wlad ar y pryd, wedi stopio pobl rhag tyfu bwyd yn y caeau."

Sniffiodd Miriam wrth i ddeigryn ddisgyn i lawr ei boch. Sylwodd Zeenab a rhoi ei fraich am ei hysgwyddau i'w chysuro.

"Dyw hyn ddim mor wael â hynny," dywedodd Aïda. "Falle y gall Mr Thomas ffeindio gardd arall i ni."

"Ble? I fyny rhyw fynydd yn rhywle? Sut fydden ni'n cyrraedd yna bob dydd?" cwynodd Kim.

Cododd Ana-Carolina ei dwylo'n ddramatig a stampio'i throed. "Chawn ni ddim cyfle i gynaeafu'r pwmpenni na'r betys!"

"Beth am y gellyg a'r hen goeden sinamon a'r g-gwenyn?" Doedd Miriam ddim yn gallu siarad yn hawdd iawn oherwydd ei dagrau. Miriam fach dawel oedd yr unig un o griw'r Garddwyr Ifanc allai weithio yn y cwch gwenyn gyda Mr Thomas. Roedd ganddi ffordd arbennig gyda nhw. Doedden nhw heb ei phigo hi unwaith.

"Mae yna ffordd i ni eu symud nhw efallai ..." dywedodd Zeenab, yn ceisio codi'i chalon ac osgoi dangos yr amheuon yn ei llais.

"Beth tasen ni'n prynu'r ardd?" awgrymodd Bartek, oedd wedi bod yn dawel hyd yn hyn.

"Dwi'n gweld bod Eddie wedi rhannu'r newyddion drwg yn barod," dywedodd Mr Thomas yn ddiflas, wrth gerdded draw.

"Ydy, ond mae gen i syniad, Mr T! Gallen ni ddefnyddio ein llysiau ychwanegol i wneud prydau bwyd a'u gwerthu nhw yn yr ŵyl, er mwyn codi arian i brynu'r tir! Fel y sêl gacennau wnaeth fy anti i godi arian i elusen fis diwetha," dywedodd Aïda yn falch.

Roedd y Garddwyr Ifanc yn llawn cyffro a gobaith o glywed hyn.

“Mae’r tir yma’n werth miloedd. Allwn ni ddim codi cymaint â hynny …” dywedodd Mr Thomas yn lletchwith.

Roedd y siom fel ton yn torri ar draws y grŵp i gyd.

“Pan oedd fy hadau mango yn gwrthod tyfu’r haf diwetha, dywedoch chi ei bod hi’n dal yn bwysig ’mod i wedi trio, Mr T,” dywedodd Kabir yn dawel.

“Ie, Mr T! Mae’n rhaid i ni wneud rhywbeth!” dywedodd Miriam, gan rwbio’i llygaid.

Gwenodd Mr Thomas. “O’r gorau. Dewch i ni weld beth allwn ni ei wneud …” Tynnodd ei fwrdd du allan. “Reit, te, dewch yn nes. Mae angen ryseitiau arnon ni er mwyn defnyddio beth rydyn ni wedi ei dyfu. Mae’n rhaid iddyn nhw fod yn hawdd i bobl eu casglu o’r stondinau a’u bwyta wrth symud o gwmpas.”

“Fel … bwyd y stryd?” holodd Kim yn ansicr.

“Yn union! Gŵyl Bwyd y Stryd! Pwy sydd eisiau mynd yn gynta?”

Dechreuodd pawb weiddi eu syniadau at Mr Thomas. Gwasgodd Eddie ei amddiffynwyr clust yn dynn at ei glustiau a chau ei lygaid.

"Un ar y tro, plis," dywedodd Mr Thomas gan chwerthin. "Cer di, Eddie. Beth wyt ti'n mynd i'w wneud â'r holl datws?"

"Risolau," dywedodd Eddie'n dawel. "Rhai Mam-gu yw'r gorau."

Roedd mam-gu Eddie yn berchen siop sglodion fwyaf poblogaidd y dref.

"Awgrym arbennig!" Ysgrifennodd Mr Thomas nodyn sydyn. "Falle y gall dy fam-gu ein dysgu ni sut i'w gwneud nhw," dywedodd yn garedig. Yna trodd at Katie a dweud, "Cer di nesa."

"Baozi, byns bach wedi'u stemio," cynigiodd Katie. "Mae stondin y tu ôl i fflat popo yn Shanghai sy'n eu gwerthu nhw drwy'r dydd. Daeth hi â rhai draw y tro diwetha ddaeth hi i'n gweld ni. Roedden nhw chydig yn hen ond yn dal yn flasus. Gallwn ni eu stwffio nhw gyda winwns, shibwns a chyw iâr."

"Pierogi! Gallen ni'u llenwi nhw gyda fy sbigoglys," gwaeddodd Bartek gan wenu. Rhwbiodd ei fol a gwneud i bawb chwerthin. "Pan fyddwn ni'n mynd i Wlad Pwyl i weld fy babcia, fy mam-gu, rydyn ni wastad yn eu prynu nhw o'r farchnad."

"Gallen ni ddefnyddio india-corn i wneud masala bhutta," awgrymodd Kabir. "Dywedodd Mami ei bod hi'n eu cael nhw o stondin ar draeth Chowpatty yn Bombay adeg monsŵn, pan fydd hi'n boeth ac yn wlyb. Maen nhw'n eu coginio nhw'n ffres o flaen eich llygaid chi, meddai hi."

"Hotteok! Allwn ni gael chydig o'r sinamon oddi ar y goeden?" holodd Kim. "Pan o'n i'n byw yn Seoul yn Ne Korea, roedden ni'n eu cael nhw o Farchnad Gwangjang weithiau. O, dwi'n gweld eu heisiau nhw ..."

"Wrth gwrs, Kim ..." dywedodd Mr Thomas gan ysgrifennu'n frysiog.

Roedd y goeden sinamon yn byw yn y tŷ gwydr trofannol. Roedd yn dipyn o ffefryn gan bob garddwr oedd wedi camu trwy giatiau haearn yr ardd.

"Quesadillas," awgrymodd Ana-Carolina, gan fflicio'i gwallt. "Gallwn ni roi'r tomatos a'r winwns mewn pico de gallo i fynd gyda nhw."

"Chouchous," galwodd Zeenab. "Cnau mwnci gyda charamel caled drostyn nhw i gyd ..."

"Fataya! Maen nhw'n tynnu dŵr o'ch dannedd!" dywedodd Aïda. "Gallwn ni roi persli ynddyn nhw, a thomatos yn y saws!"

"Limonana," dywedodd Miriam yn dawel, yn meddwl pa mor flasus oedd y ddiod lemon a mintys ar ddiwrnod poeth o haf. "Gallwn ni roi ein mêl ni ynddo i'w wneud e'n fwy melys hefyd."

"Supplì! Mae'n rhaid i ni gael supplì al telefono!" bloeddiodd Luca. Roedd ei deulu wedi symud i Gymru llynedd gan fod ei rieni wedi cael gwaith yma. Er ei fod e'n hapus, roedd e'n dal i weld eisiau rhai pethau, fel y peli bach reis hyn.

"A dyna ni ddeg!" cyhoeddodd Mr Thomas, gan sychu'r chwys oddi ar ei dalcen yn ddramatig. "Nawr, galla i wahodd Ms Roberts, ein llywydd ni, a chyn-aelodau'r clwb garddio. Pwy sydd eisiau gwneud y poster?"

1 Cymru: Risolau Eddie

Roedd Luca ac Eddie yn helpu mam-gu Eddie i wneud y risolau.

"Mae'r rhain yn edrych fel supplì! Ond does dim caws yn y canol," dywedodd Luca, gan edrych yn syn ar ddwy hanner y risol a gafodd gan fam-gu Eddie i'w blasu.

"Aha! Mae'n ddiddorol iawn dy fod ti wedi dweud hynny, Luca, achos mae 'na ddau esboniad am y risolau cynnar. Mae rhai yn meddwl eu bod nhw wedi cael eu dyfeisio yn ystod yr Ail Ryfel Byd, fel ffordd o ddefnyddio sbarion neu i wneud i fwyd fynd ymhellach pan oedd bwyd yn cael ei ddogni. Ond mae eraill yn meddwl mai'r Eidalwyr Cymreig oedd yn byw yn ne Cymru ddyfeisiodd nhw!"

"Waw, Eidalwyr Cymreig!" ebychodd Luca.

Rhoddodd Eddie ddarn bach o gornbîff yn slei i Sbyd, ei gi bach sgryfflyd, o dan y bwrdd. Cymerodd Sbyd ei wobr fach flasus yn dawel, yn gwybod yn iawn y byddai'n cael ei anfon i'r ardd os byddai rhywun yn ei weld.

Nodiodd Mam-gu ei phen. "Dwi'n credu bod 'na Eidalwyr wedi bod yn byw yng Nghymru ers tua pedwar can mlynedd. Roedd Mrs Bevaqua, y fenyw ddysgodd fi i wneud rhain, yn dod o Bardi yn yr Eidal. Hi roddodd fy swydd gynta i mi pan oeddwn i'n un deg pedwar."

Gosododd Mam-gu risol crwn perffaith ar yr hambwrdd gan duchan yn hapus. "Ac Edward Christopher Morris, os gwnei di roi un tamaid arall i'r ci yna, bydda i'n anfon y ddau ohonoch chi mas i'r ardd!" dywedodd yn gadarn.

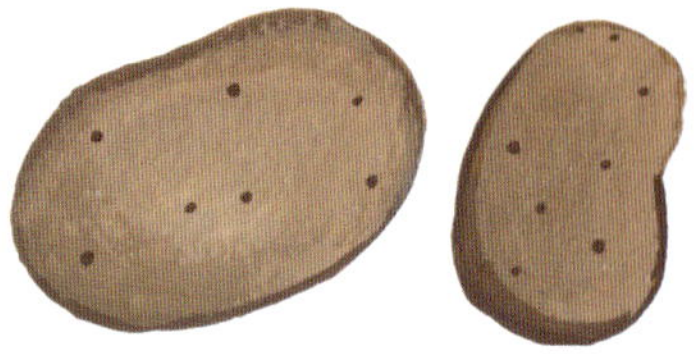

Cynhwysion
Yn gwneud 6 risol

1 llwy fwrdd o olew
1 winwnsyn canolig wedi'i blicio a'i dorri'n fân
250g o datws llawn startsh, e.e. tatws russet wedi'u berwi a'u plicio
½ tun o gornbîff wedi'i dorri'n fân
50g o flawd plaen
halen a phupur (at eich dant)
1 wy wedi'i guro
50g o friwsion bara
olew llysiau ar gyfer ffrio

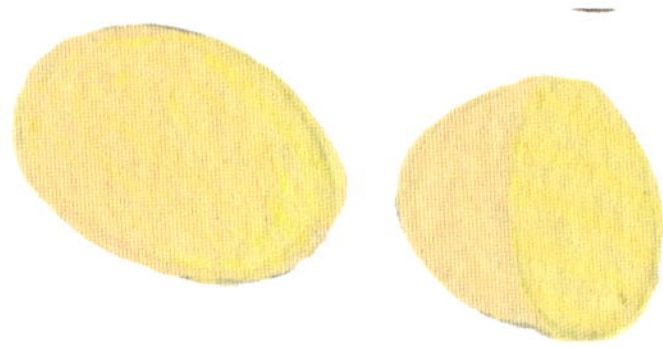

1. Cynheswch yr olew mewn padell a ffriwch y winwnsyn nes ei fod yn frown euraidd.
2. Stwnsiwch y tatws, y winwnsyn wedi'i ffrio a'r cornbîff mewn powlen nes eu bod wedi'u cymysgu'n drylwyr. Yna, ychwanegwch halen a phupur i roi blas.
3. Ffurfiwch y cymysgedd risol yn chwech siâp hirgrwn.
4. Rhowch y blawd plaen, yr wy a'r briwsion bara mewn dysglau ar wahân ac yna, bob yn un, rholiwch bob risol yn y blawd, yna yn yr wy, ac yn olaf yn y briwsion bara. Yna rhowch nhw mewn rhes daclus ar hambwrdd glân a sych.
5. Rhowch eich risolau yn yr oergell am o leiaf awr er mwyn eu caledu.
6. Cynheswch tua 10cm o olew mewn padell ddofn a ffriwch y risolau nes eu bod yn lliw oren dwfn.

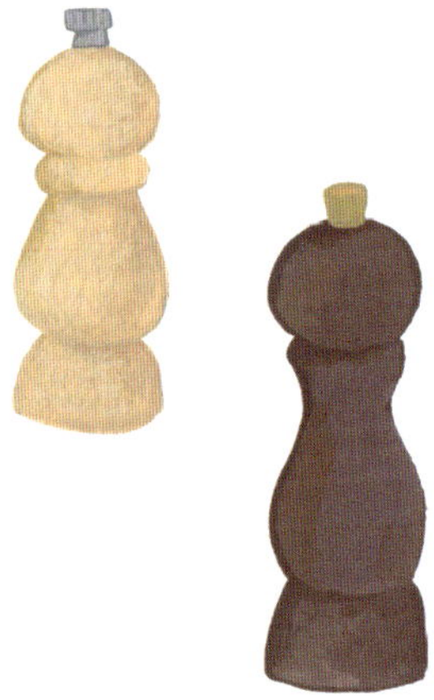

2 India: Masala bhutta Kabir (ma-SA-la BW-ta)

Roedd y golau'n wan y tu mewn i siop Mr Rao ac roedd hi'n eithaf oer. Roedd aroglau'r sbeisys, a'r hen gân Bollywood am gariad ar y radio, yn atgoffa Kabir o'r siop fwyd oedd ar bwys tŷ ei fodryb yn Bombay. Yno roedd yn rhaid i chi ddarllen eich rhestr siopa i'r hen ŵr oedd y tu ôl i'r cownter, Babulal. Byddai e wedyn yn mynd i'r cefn i nôl eich pethau i chi. Ond yma, yn siop Mr Rao, roeddech chi'n gallu crwydro o gwmpas a dewis beth oeddech chi eu hangen.

"Diolch am adael i mi roi poster yn y ffenest, Mr Rao," dywedodd Bartek.

Gwenodd Mr Rao wrth ffarwelio â'r bechgyn ac aeth y ddau yn ôl allan.

Dangosodd Kabir y powdr tsili i Bartek. "Dwi ddim yn credu 'mod i wedi bwyta unrhyw fath o tsili o'r blaen. Dwi ddim yn hoffi bwyd poeth."

"Yr hen fabi i ti!" chwarddodd Kabir. "Mae 'na ambell bowdr tsili fyddai'n gwneud i dy ben di ffrwydro. Ond nid un o'r rheiny yw hwn. Does dim rhaid i ti roi llawer ohono ar dy india-corn. Fe wna i ofyn i Mami wneud un i ti ei drio, ac os nad wyt ti'n ei hoffi, fe fwyta i e, dim problem!"

Ddeg munud yn ddiweddarach, roedd y ddau yn mwynhau eu bhutta ffres wrth fwrdd y gegin.

"Dydy e ddim yn rhy ffôl," dywedodd Bartek. Roedd rhywbeth yn eithaf dymunol am y blas melys, myglyd oedd yn cael ei fywiogi gan y leim sur a'r tsili cynnes.

"Chydig mwy o tsili y tro nesa?" holodd Kabir.

"Falle wir!" atebodd Bartek yn hapus.

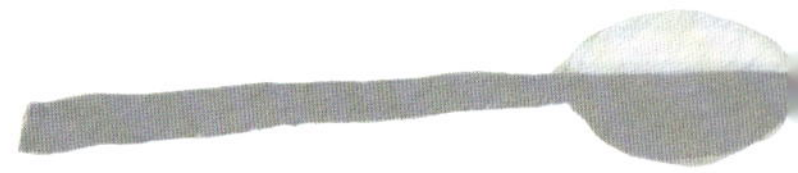

Cynhwysion

Yn gwneud 4 bhutta

1 llwy de o bowdr tsili Kashmiri (byddai unrhyw bowdr tsili yn gweithio'n iawn, ond byddwch yn ofalus achos mae rhai yn boeth iawn)
1 llwy de o halen
4 cobyn ffres o india-corn
2 leim

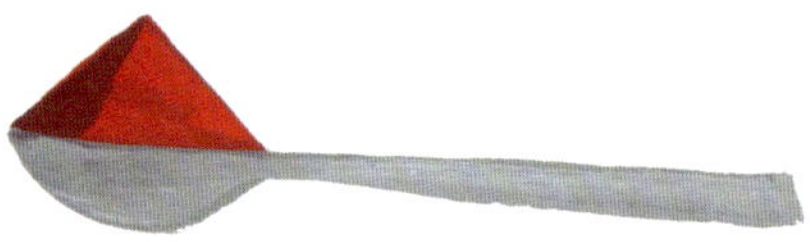

1. Cymysgwch yr halen a'r powdr tsili gyda'i gilydd yn drylwyr iawn. Mae gan bowdr tsili Kashmiri flas a lliw hyfryd ond nid yw'n rhy boeth. Tsili yw e fodd bynnag, felly dechreuwch gyda chwarter llwy de os nad ydych chi'n hoffi llawer o sbeis; gallwch chi wastad ychwanegu mwy yn nes ymlaen, yn ôl yr angen.
2. Os nad oes coesyn ar eich cobyn india-corn, prociwch fforc i'w waelod llydan a gwastad.
3. Rhostiwch yr india-corn dros lo byw neu dros fflam ar hob nwy, nes ei fod wedi'i losgi'n braf ar ei hyd. Mae hyn yn golygu y dylai smotiau du fod dros y rhan fwyaf o'r cnewyll bach. Gwnewch yn siŵr nad ydych yn ei losgi'n golsyn.
4. Torrwch y leimiau yn eu hanner.
5. Gafaelwch yn un hanner y leim a gorchuddio'r darn suddog yn y gymysgedd halen a tsili, yna rhwbio'r blas bendigedig dros y cobyn llosg i gyd. Gwnewch yr un modd gyda gweddill yr india-corn a'r leimiau.

3 Korea: Hotteok Kim (HO-doc)

Roedd Katie a Kim yn nhŷ Kim yn helpu gyda'r hotteok.

"Betiai di nad oeddet ti'n gwybod bod hotteok yn dod o Tsieina," dywedodd Katie, wrth iddi rolio'r toes yn ofalus.

"Ro'n i YN gwybod hynny! Newidiodd y bobl symudodd o Tsieina i fyw yn Korea ers talwm eu ryseitiau, i siwtio dant melys y bobl leol. Mae 'hotteok' yn golygu 'cacennau'r barbariaid' ..." Llyncodd Kim yn anghyfforddus. "Mae-mae'n ddrwg gen i ... Katie ... Doeddwn i ddim yn golygu ...'

"Paid â phoeni, Kim! Dwi'n gwybod hynny'n barod. Mae pobl wastad yn defnyddio geiriau cas am bethau dydyn nhw ddim yn eu deall, pethau anghyfarwydd sy'n codi ofn arnyn nhw. O na! Does dim siâp arna i'n rholio!" dywedodd Katie yn drist wrth edrych ar ei gwaith, oedd nawr yn edrych fel map amherffaith o Affrica.

"Ceisia eu stwffio nhw, 'mach i," dywedodd Mrs Do-Yun, yn teimlo trueni dros Katie druan.

"Alli di ddim bod yn dda am wneud popeth, Katie! Fyddai hynny ddim yn deg!" chwarddodd Kim.

Cynhwysion

Yn gwneud 10 hotteok

Ar gyfer y toes

500g o flawd
350ml o ddŵr
2 lwy fwrdd o siwgr gwyn
1 cwdyn bychan o furum sych
½ llwy de o halen
1 llwy fwrdd o olew blas niwtral,
  fel olew llysiau

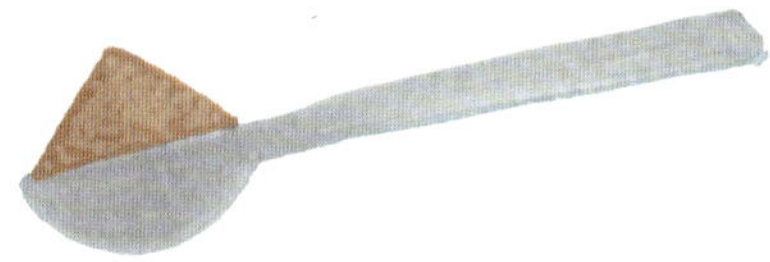

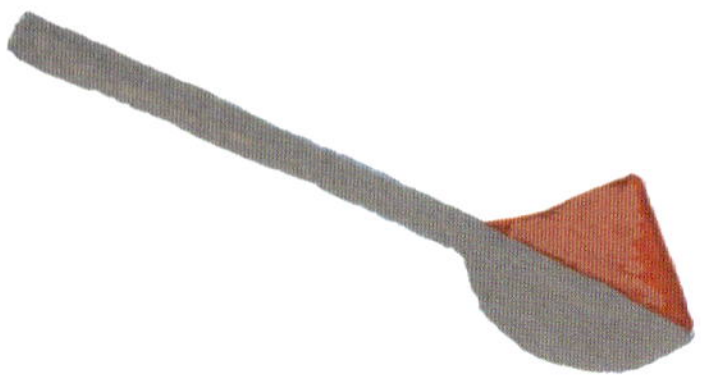

Ar gyfer y llenwad

125g o siwgr brown
1 llwy de o bowdr sinamon
75g o gnau Ffrengig wedi'u torri'n fân

1. Cymysgwch yr holl gynhwysion ar gyfer y toes gyda'i gilydd. Bydd yn ludiog i ddechrau, ond daliwch ati nes bydd pelen o does llyfn gennych chi.
2. Cymysgwch gynhwysion y llenwad gyda'i gilydd.
3. Rhannwch y toes yn ddeg dogn cyfartal a siapiwch bob un yn beli. Efallai y bydd angen i chi rwbio'ch dwylo ag olew os bydd y toes yn rhy ludiog. Gadewch i'r peli godi ar hambwrdd wedi'i orchuddio nes eu bod wedi dyblu mewn maint. Gallai hyn gymryd rhwng 30 munud ac awr.
4. Gwasgwch bob pelen does yn gylch gwastad a rhowch un llwy fwrdd orlawn o'r llenwad yn y canol. Tynnwch yr ymylon ynghyd a'u pinsio gyda'i gilydd dros y llenwad fel ei fod yn eistedd yn glyd yn y canol.
5. Nawr rhowch y belen does ar hambwrdd gyda'r ymylon wedi'u pinsio ar y gwaelod. Gwnewch yr un peth gyda gweddill y peli toes a'r llenwad. Gadewch iddyn nhw godi am 30 munud.
6. Irwch waelod padell ffrio boeth, yna gosodwch belen o does wedi'i stwffio yn y badell yn ofalus. Gwasgwch y belen yn ysgafn er mwyn creu cylch gwastad tua 1cm o drwch.
7. Pan fydd ymylon yr hotteok wedi caledu, trowch hi drosodd er mwyn coginio'r ochr arall yn euraidd.
8. Byddwch yn ofalus pan fyddwch chi'n blasu hotteok ffres. Bydd y tu mewn yn chwilboeth.

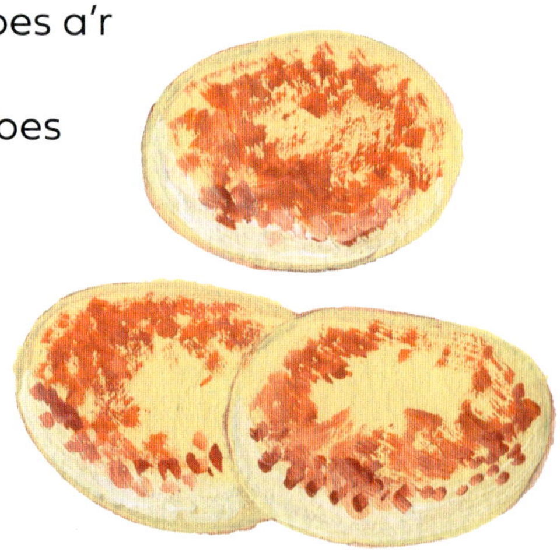

4 Moroco: Chouchous Zeenab (shŵ-shŵs)

"Mmmmmm, mae'r rhain mor flasus," dywedodd Kabir gan daflu cneuen fwnci caramel yn uchel a'i dal yn gelfydd yn ei geg.

Gwyliodd Zeenab e'n llawn rhyfeddod a dweud, "Dwi eisiau trio!"

"Pam nad ydyn ni'n gallu cael rhain yng Nghymru?" holodd Kabir.

"Dwi ddim yn siŵr. Maen nhw mor flasus on'd ydyn nhw?" dywedodd Mr Abitbol, gan gymryd llymaid o'i de mintys. "Maen nhw'n boblogaidd iawn ym Moroco."

"Fe dyfais i fyny yno," dywedodd Mrs Abitbol. "Dwi'n cofio'r tro cynta ges i'r rhain. Rhaid 'mod i'n rhyw bedair neu bump oed. Roedd Abee, fy nhad, yn fy nghario i ar ei ysgwyddau ac ro'n i'n gallu gweld pebyll gwyrdd stondinau'r farchnad yn dawnsio'n y gwynt yn sgwâr Jemaa el-Fna. Roedd cymylau o fwg oedd yn arogli'n hyfryd o'n cwmpas ni hefyd.

"Roedd dy Ewythr Ali, Zeenab, yn gweiddi am brochettes. Sgiwerau cig barbeciw ydyn nhw. Ond aeth Abee â ni yn syth i'w hoff stondin yn gynta, oedd yn gwerthu chouchous! Wrth gwrs, pan symudon ni yma, roedd fy mam yn dal i'w coginio nhw i fy abee. Roedd hi'n hapus iawn gyda'r cnau mwnci nobl wnaethoch chi'r Garddwyr Ifanc eu tyfu eleni."

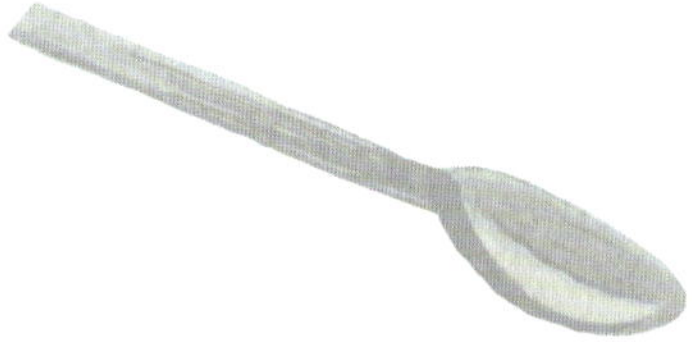

Cynhwysion

Yn gwneud digon i 5

35ml o ddŵr
100g o siwgr mân
150g o gnau mwnci amrwd gyda chroen arnyn nhw ond heb gragen
¼ llwy de o halen
1 llwy fwrdd o ddŵr blodyn oren (dewisol)

1. Cymysgwch y dŵr a'r siwgr mewn sosban sydd â gwaelod trwm.
2. Coginiwch ar wres canolig nes bod y siwgr yn toddi. Ychwanegwch y cnau mwnci a'u troi.
3. Mewn tua 10 munud, bydd y dŵr wedi anweddu a bydd cramen brydferth, olau ar eich cnau mwnci.
4. Bryd hynny, bydd angen eich holl amynedd. Trowch y gwres mor isel â phosib a throwch a throwch y cnau mwnci. Bydd y siwgr yn toddi'n araf ac yn carameleiddio'n aur golau perffaith.
5. Diffoddwch y gwres ac ychwanegwch yr halen a'r dŵr blodau oren, os ydych am ei ddefnyddio. Cymysgwch yn dda.
6. Gan weithio'n gyflym, gwagiwch gynnwys y sosban ar hambwrdd wedi'i leinio â phapur gwrthsaim. Byddwch yn ofalus iawn oherwydd mae siwgr wedi'i garameleiddio yn chwilboeth a bydd yn llosgi eich croen.
7. Arhoswch nes bod y cnau mwnci yn hollol oer cyn eu blasu.

5 Sénégal: Fataya Aïda (ffy-TAI-a)

"Pwy wnaeth fataya gynta, Abi?" holodd Aïda.

Cododd Abi ei hysgwyddau a thylino'r toes. "Pwy a ŵyr? Fe deithiodd y Ffrancod, y Saeson, yr Iseldirwyr a phobl o Bortiwgal drwy Sénégal cyn i'r wlad gael annibyniaeth. Maen nhw i gyd yn gwneud rhyw fath o basteiod wedi'u plygu. Mae'n rhaid bod rhyw gogydd clyfar o Sénégal wedi addasu un o'u ryseitiau at ein dant ni a'r cynhwysion oedd ar gael, neu'r ffordd arall falle ... Ti'n gwybod bod rhain dipyn gwell gyda physgod hallt, fel maen nhw'n eu defnyddio draw fan'na."

Pwffiodd Aïda yn genfigennus. Roedd hi wedi cael digon ar glywed Abi'n dweud bod popeth 'draw fan'na' yn llawer gwell. Dyma beth oedd ei chwaer fawr wedi bod yn ei ddweud ers iddi ddod yn ôl o daith arbennig ar draws Sénégal gyda'u tad. Byddai'n rhaid i Aïda aros dwy flynedd gyfan cyn y gallai hi fynd yno gyda'i mam.

Cerddodd Mrs Diouf i mewn yr eiliad honno. "Abibatou Diouf, os na fyddet ti a dy dad wedi anghofio pacio'r pysgod hallt wnes i ofyn amdanyn nhw, fydden ni ddim yn gorfod gwneud y rhain hebddyn nhw. Paid â phoeni, Aïda, gallwn ni ddefnyddio rysáit fy yarboie, fy mam. Mae tiwna mewn tun wedi gweithio'n dda bob tro."

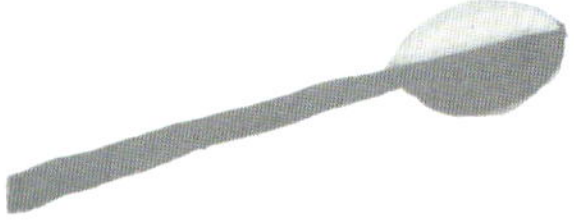

Cynhwysion
Yn gwneud 6 fataya

Ar gyfer y saws
2 lwy fwrdd o olew llysiau
(neu unrhyw olew sydd heb flas cryf)
2 winwnsyn wedi'u torri'n fân iawn
2 ewin garlleg wedi'u torri'n fân iawn
1 neu 2 tsili (yn dibynnu pa mor sbeislyd rydych chi'n hoffi'ch bwyd – gallech beidio cynnwys tsili o gwbl; yn Sénégal, mae pobl yn hoffi eu sawsiau'n BOETH!)
1 llwy fwrdd o finegr
1 llwy fwrdd o bast tomato
1 tomato wedi'i dorri'n fras
1 ciwb o stoc llysiau
ychydig o ddŵr

Ar gyfer y toes
150g o flawd plaen
½ llwy de o halen
1 llwy fwrdd o olew llysiau
75ml o ddŵr

Ar gyfer y llenwad
1 llwy fwrdd o olew llysiau
1 winwnsyn wedi'i dorri'n fân iawn
2 ewin garlleg wedi'u torri'n fân iawn
4 can o diwna wedi'u draenio'n dda
2 lwy de o halen
½ swp o bersli wedi'i dorri'n fân iawn

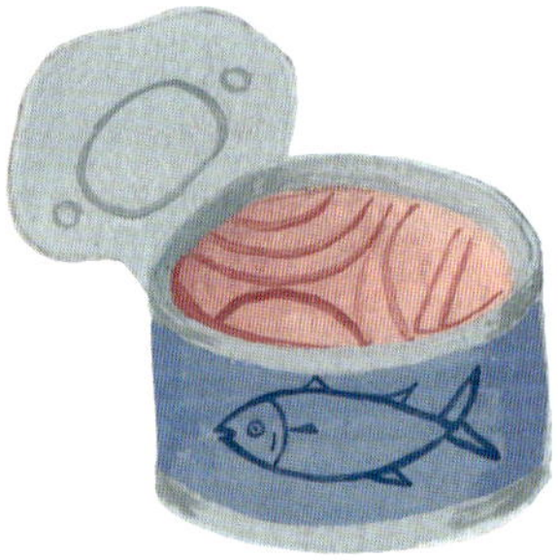

Gwneud y saws
Gwnewch y saws yn gyntaf oherwydd bydd y blasau'n dyfnhau wrth i amser fynd yn ei flaen.

1. Cynheswch yr olew a ffriwch y winwns, y garlleg a'r tsili nes bod y winwns yn feddal.
2. Ychwanegwch y finegr a gadael iddo anweddu.
3. Ychwanegwch y past tomato, y tomatos a'r ciwb stoc. Coginiwch dros wres isel nes bod yr olew yn gwahanu. Ychwanegwch ychydig o ddŵr os oes angen teneuo'ch saws; dylai ei drwch fod yn debyg i sos coch.

Gwneud y toes

4. Cymysgwch yr halen a'r blawd yn dda mewn powlen gymysgu.
5. Ychwanegwch yr olew a'r dŵr gan dylino'r toes yn dda. Fydd hyn ddim yn hawdd, oherwydd rhaid i'r toes fod yn anhyblyg. Os oes gormod o ddŵr yn eich toes, bydd yn amsugno olew wrth ei ffrio a bydd yn seimllyd ac yn annymunol i'w fwyta, yn hytrach nag yn ysgafn, crensiog a blasus.

Gwneud y llenwad

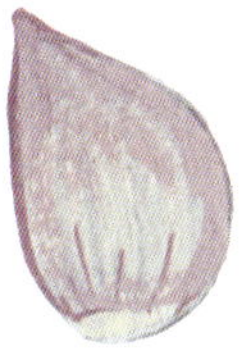

6. Cynheswch yr olew mewn padell ffrio a choginiwch y winwnsyn a'r garlleg nes eu bod yn feddal.
7. Diffoddwch y gwres, yna ychwanegwch y tiwna, yr halen a'r persli a'u cymysgu'n dda.

Siapio'r fataya

8. Rholiwch y toes i drwch darn punt.
9. Torrwch gylchoedd gan ddefnyddio torrwr bisgedi 7.5cm neu wydryn o'r un maint.
10. Rhowch lond llwy fwrdd o lenwad yng nghanol pob cylch, yna plygwch y toes drosodd i greu siâp hanner lleuad. Pinsiwch yr ymylon yn dynn gyda'ch bysedd neu defnyddiwch gefn fforc i'w gwasgu ar gau. Mae'n bwysig nad ydyn nhw'n agor pan fyddwch chi'n eu ffrio.

Coginio'r fataya

11. Cynheswch tua 5cm o olew mewn padell ddofn.
12. Unwaith y bydd yr olew yn dechrau mudferwi, rhowch dri neu bedwar fataya yn ofalus yn yr olew. Byddwch yn ofalus i beidio â gorlenwi'r badell neu bydd y tymheredd yn gostwng yn ormodol a fydd y fataya ddim yn coginio'n iawn.
13. Pan fydd un ochr yn troi'n grimp ac yn euraidd, trowch y fataya drosodd er mwyn coginio yr ochr arall.
14. Pan fyddan nhw'n barod, tynnwch bob fataya allan o'r olew a'u rhoi ar bapur cegin i'w draenio. Yna, bwytewch y fataya yn boeth gyda'r saws wnaethoch chi ei baratoi'n gynharach.

6 Palesteina: Limonana Miriam (LI-mo-NAna)

Deffrodd Miriam yn llawn cyffro y diwrnod cyn Gŵyl Bwyd y Stryd. Roedd hi'n caru limonana ond doedd hi erioed wedi helpu i'w baratoi. Mewn deg munud, roedd hi wedi gwisgo a glanhau ei dannedd a nawr, roedd hi'n sglaffio'i brecwast.

Chwarddodd Mrs Khatib. "*Habibi*, bwyta'n arafach. Mae trwy'r dydd gennyn ni i wneud hyn."

Roedd hi mor dda gweld Miriam wedi cyffroi am rywbeth. Roedd hi wedi bod â'i phen yn ei phlu ac yn dawel ers iddyn nhw adael eu mamwlad. Roedd hi'n dal i gael yr 'amserau tawel' fel roedden nhw'n eu galw nhw. Ond nawr, roedd hi'n cael mwy o 'amserau hapus', diolch i Zeenab a'i ffrindiau eraill o Glwb Garddwyr Ifanc yr ysgol.

Estynnodd Mrs Khatib lond basged o lemonau, y peiriant blendio a'r powlenni. "Dyna lemonau hyfryd rwyt ti wedi llwyddo i'w tyfu yn y tŷ gwydr yna! Dal ati gyda'r gwaith da. Bydd y limonana yn berffaith i gadw pobl yn hapus yn y tywydd poeth."

"A'r mintys! Yr unig le dwi erioed wedi gweld dail mor fawr a hyfryd o'r blaen yw y tu allan i ardd Mam-gu Palesteina," dywedodd Mr Khatib, yn dal sbrigyn o dan ei drwyn.

"Bydd yn rhaid i ni werthu tipyn o limonana os ydyn ni am gael y mintys hyn flwyddyn nesa, Abu!" dywedodd Miriam yn ddiflas, gan wasgu ei llygaid i stopio'i dagrau.

"*Qadr, habibi*. Amynedd. Os yw dy ddymuniad di i fod i gael ei wireddu, cariad, yna bydd yn croesi mynyddoedd i ddod o hyd i ti," dywedodd ei thad gyda gwên dyner.

Cynhwysion

Yn gwneud 12 gwydraid

sudd 6 lemon (gwnewch yn siŵr eich bod yn cael pob un hedyn allan)
swp mawr o fintys, y dail yn unig
tua 50g o iâ
surop siwgr neu fêl i roi blas
2 botelaid fawr o ddŵr soda

Dull 1

1. Blendiwch y sudd lemon, y dail mintys a'r iâ gyda'i gilydd mewn peiriant blendio.
2. Ychwanegwch y surop siwgr a'r mêl, ychydig bach ar y tro, nes eich bod yn hapus â pha mor felys yw'r blas. Cofiwch, gallwch chi bob amser ychwanegu mwy, ond allwch chi ddim ei dynnu oddi yno!
3. Arllwyswch i wydrau tal – nes eu bod yn hanner llawn.
4. Llenwch y gwydrau gyda dŵr soda oer.

Dull 2

1. Rhowch ychydig o ddail mintys mewn gwydryn.
2. Ychwanegwch sudd hanner lemon a llwyaid o fêl neu surop siwgr.
3. Rhowch iâ wedi'i falu yn y gwydryn nes ei fod yn hanner llawn.
4. Llenwch y gwydryn gyda dŵr soda oer a'i gymysgu'n dda. Ychwanegwch fwy o fêl neu siwgr os oes angen.

7 Yr Eidal: Supplì Luca (SŴP-li)

"*Birbantello*, Luca! Y gwalch bach! Dwi wedi mesur y mozzarella yna dair gwaith yn barod. Os byddi di'n bwyta mwy, bydd dy fola di'n dost a fydd dim mwy o supplì i ti," dywedodd nonna Luca gan esgus bod yn ddig.

Gwenodd Luca, yn malio dim. "*Scusa*, Nonna. Mae'n ddrwg gen i."

Roedd e'n gwybod yn iawn na fyddai ei nonna fyth yn cadw rhywbeth rhagddo, yn arbennig ei hoff bryd yn y byd. Dim ond ddwywaith y flwyddyn oedden nhw'n gweld ei gilydd erbyn hyn – unwaith yn yr haf pan oedd hi'n dod i aros gyda nhw, ac yna adeg y Nadolig pan fyddai Luca a'i rieni'n aros gyda hi yn Rhufain. Ac roedd ei nonna wrth ei bodd yn ei sbwylio.

"Ti'n gwybod, pan oedd fy nonna i'n *bambina*, roedd ei babbo, dy hen-hen-hen-dad-cu di, yn gwerthu supplì wedi'u gwneud â'r union rysáit yma ar strydoedd Roma! Roedd e'n eu ffrio nhw'n ffres i bob cwsmer. Nawr, rwyt ti a fi, *tesoro mio*, yn cadw traddodiad y teulu yn fyw."

Cynhwysion

Yn gwneud 6 supplì

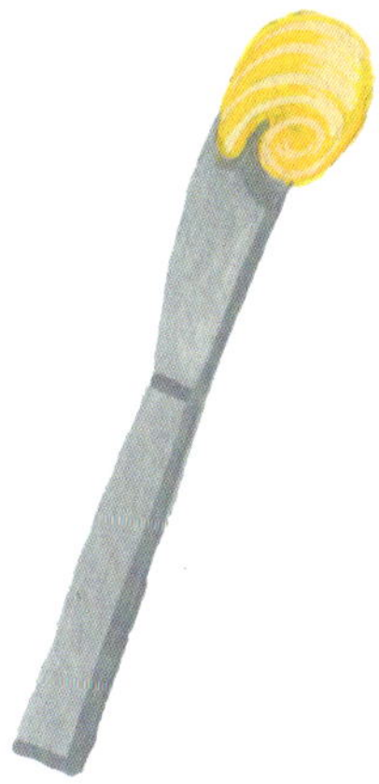

2 lwy fwrdd o olew olewydd
1 winwnsyn bach wedi'i dorri'n fân iawn
1 ewin garlleg wedi'i dorri'n fân iawn
2 sbrigyn o blanhigyn teim
150g o fadarch wedi'u torri'n fân iawn
400g o domatos aeddfed wedi eu blendio nes eu bod yn llyfn, neu passata tomato
200g o reis arborio
200ml o stoc (1 ciwb o stoc llysiau wedi'i doddi mewn 200ml o ddŵr poeth)
1 talp o fenyn
10g o gaws Parmesan wedi'i gratio
125g o mozzarella wedi'i dorri'n 12 darn cyfartal
1 wy
50g o flawd
100g o friwsion bara
olew olewydd i ffrio

1. Cynheswch 2 lond llwy fwrdd o olew olewydd mewn padell ffrio a ffriwch y garlleg a'r winwns ar wres isel. Ychwanegwch y teim a ffrio'r cyfan am 30 eiliad arall. Ychwanegwch y madarch a'u ffrio nes bod y dŵr sy'n dod ohonyn nhw yn sychu.
2. Ychwanegwch y tomatos wedi'u blendio neu'r passata a'i adael i goginio ar y gwres isaf am 15 munud.
3. Ychwanegwch y reis a'i droi nes ei fod wedi amsugno'r rhan fwyaf o'r hylif. Yna, ychwanegwch 50ml o stoc a'i droi nes bod y reis wedi amsugno'r hylif hwnnw hefyd. Gwnewch hyn dair gwaith eto nes eich bod wedi defnyddio'r stoc i gyd. Ar ôl gwneud hyn, dylai'r reis fod yn al dente. Mae hyn yn golygu bod y reis wedi'i goginio fwy neu lai, ond ei fod yn dal ychydig yn galed yn y canol.
4. Tynnwch eich padell oddi ar y gwres ac ychwanegwch y menyn a'r Parmesan wedi'i gratio gan droi'r cymysgedd. Yna taenwch y cymysgedd ar hambwrdd pobi er mwyn gadael i'r reis oeri, nes ei fod wedi setio'n llwyr.
5. Defnyddiwch gyllell i rannu'r reis oer yn ofalus yn 12 dogn cyfartal.
6. Cymerwch un dogn a'i roi'n wastad ar gledr eich llaw, yna rhowch y mozzarella yn y canol. Gwthiwch y reis yn ysgafn o amgylch y mozzarella nes ei fod wedi'i orchuddio'n llwyr gan y cymysgedd reis. Rholiwch hwn rhwng cledrau eich dwylo er mwyn creu pelen hirgrwn hyfryd a llyfn. Rhowch y belen hirgrwn ar blât ac ailadrodd y broses gyda'r un ar ddeg darn sy'n weddill.
7. Torrwch wy i bowlen a'i chwisgo'n dda. Rhowch y blawd ar un plât a'r briwsion bara ar blât arall.
8. Rholiwch bob pelen hirgrwn yn y blawd yn gyntaf, yna yn yr wy, ac yna yn y briwsion bara.
9. Cynheswch 5cm o olew mewn padell ffrio.
10. Ffriwch y supplí mewn sypiau nes eu bod yn euraidd.
11. Gweinwch nhw'n boeth fel bod y caws yn dal wedi toddi yn y canol.

8 Tsieina: Baozi cyw iâr Katie (BAW-tsa)

"Dwi'n meddwl y bydd pawb yn dweud mai'n bwyd ni yw'r gorau!" dywedodd Katie. "Pan dwi'n hŷn, dwi eisiau agor bwyty sy'n gwerthu bwyd Tsieineaidd."

"Fang! Ro'n i'n meddwl dy fod ti eisiau bod yn ddeintydd, fel dy popo," dywedodd Mr Chen, yn esgus ei fod wedi'i synnu.

"Llynedd oedd hynny," atebodd Katie heb hidio dim.

"Pam mae dy dad yn dy alw di'n 'Fang'?" sibrydodd Miriam.

"Fi wnaeth ddewis Katie. 'Fang' yw'r enw roddodd fy rhieni i mi pan ges i fy ngeni. Mae'n golygu 'persawr'. Yn Tsieina, dim ond ffrindiau agos a theulu sy'n dy alw wrth dy enw cynta, felly mae'n teimlo'n od os yw unrhyw un arall yn ei ddefnyddio. Fe gei di fy ngalw i'n Fang os wyt ti eisiau, ond byddai'n rhyfedd tase un o'r athrawon yn gwneud hynny."

Yna cerddodd Mr Thomas i mewn. Roedd e wedi dod draw i gasglu eu gril mawr trydan nhw ar gyfer quesadillas Ana-Carolina.

"Dim ond y winwns sydd ar ôl i'w gratio nawr, Mr T," dywedodd Katie.

Gwenodd Mr Thomas. "Dewch i ni weld pwy sy'n gallu gratio'r mwyaf o winwns!"

Druan ohono, doedd e ddim yn gwybod beth oedd o'i flaen.

Gratiodd lwyth o winwns, er ei fod yn methu gweld erbyn y diwedd gan eu bod nhw'n gwneud iddo grio.

"Gwnaethoch chi'n dda iawn, Mr T," dywedodd Katie'n garedig ar ddiwedd y farathon gratio winwns roedd hi, yn amlwg, wedi ei hennill. Roedd hynny diolch i'r gogls nofio a wisgai bob amser o amgylch winwns amrwd.

Cynhwysion

Yn gwneud 10 baozi

Ar gyfer y toes

500g o flawd
350ml o ddŵr
2 lwy fwrdd o siwgr gwyn
1 cwdyn bach o furum sych
½ llwy de o halen
1 llwy fwrdd o olew llysiau

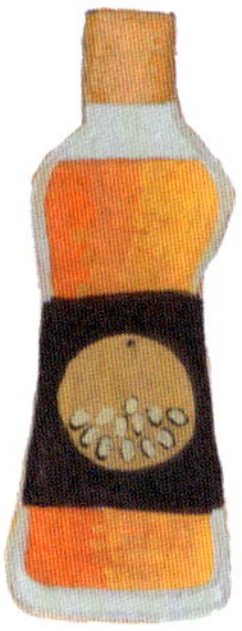

Ar gyfer y llenwad

700g o friwgig cyw iâr, neu 700g o gyw iâr wedi'i bylsio mewn peiriant cymysgu.
3 llwy fwrdd o olew llysiau
2 lwy fwrdd o bast sinsir
1 winwnsyn mawr wedi'i gratio
1 llwy fwrdd o saws soi ysgafn (peidiwch â defnyddio saws soi tywyll, mae blas hwnnw yn anaddas ar gyfer y rysáit yma)
1 llwy de o siwgr
2 lwy de o olew sesame wedi'i dostio
3 shibwnsyn wedi'u torri'n fân iawn

olew tsili crensiog wrth ei fwyta (dewisol)

1. Cymysgwch yr holl gynhwysion ar gyfer y toes gyda'i gilydd. Bydd yn ludiog i ddechrau ond daliwch ati a chyn bo hir bydd gennych chi belen berffaith o does llyfn. Gadewch i'r toes godi nes ei fod wedi dyblu mewn maint. Gallai hyn gymryd cyn lleied â 30 munud mewn lle cynnes, neu hyd at awr mewn lle oerach. Efallai y bydd angen i chi rwbio'ch dwylo ag olew os bydd y toes yn rhy ludiog.
2. Rhannwch y toes yn 16 rhan cyfartal, tua 50g yr un.
3. Cymysgwch y cynhwysion ar gyfer y llenwad gyda'i gilydd, gan eu troi i un cyfeiriad yn unig. Bydd hyn yn helpu gyda'r swmp unwaith y bydd wedi'i goginio.
4. Gwasgwch bob pelen does yn wastad a rhowch ychydig o'r llenwad y tu mewn. Pinsiwch yr ymylon ar gau gyda dwylo sych. Yna rhowch nhw i orffwys am hanner awr mewn basged stemiwr wedi'i hiro. Ni ddylai basged gynnwys mwy na phedwar baozi, a'r rheiny wedi'u gosod yn bell oddi wrth ei gilydd.
5. Ar ôl aros 30 munud, stemiwch bob baozi am 20 munud.
6. Codwch y stemiwr oddi ar y gwres pan fydd 20 munud wedi bod a gadewch i'r baozi orffwys, gyda'r caead ymlaen, am funud neu ddwy arall. Peidiwch â sbecian!
7. Bwytwch fel ag y maen nhw, neu gydag olew tsili crensiog.

Edrychwch ar dudalen 37 (Cynghorion coginio) er mwyn dysgu sut i greu baozi wedi'u stemio'n berffaith.

9 México: Quesadillas Ana-Carolina (CEI-sa-DI-as)

Roedd llygaid Mr Thomas druan yn dal yn goch ers y winwns, wrth iddo gario'r gril trwm i mewn i gegin y teulu Zambrano a'i osod ar y cownter.

"Byddwn ni wedi gorffen mewn chwinciad!" dywedodd Ana-Carolina, gan ddal tortilla perffaith o'i blaen.

Roedd ei brawd, Carlo, yn chwerthin yn slei. "Yr unig beth da alla i ei ddweud am yr un yna yw, o leiaf dyw e ddim ar y llawr gyda'r rhai eraill wnest ti!"

"Mae hynny'n golygu 'mod i'n gwella, tra bod dy jôcs di mor wael ag erioed!" atebodd Ana-Carolina gan estyn am belen arall o does tortilla.

Syllodd ei mam a Mr Thomas ar ei gilydd mewn syndod. Dim ond ychydig o fisoedd yn ôl, byddai Ana-Carolina wedi taflu'r tortilla at Carlo mewn tymer. Doedd Mrs Zambrano yn methu credu cymaint roedd ei merch wedi newid yn y chwe mis ers ymuno â'r Garddwyr Ifanc.

Cynhwysion
Yn gwneud 6 quesadilla

Ar gyfer y pico de gallo
1 tomato aeddfed
1 winwnsyn coch
1 clwstwr o goriander
1 pupur jalapeño
halen
sudd leim

Ar gyfer y llenwad
tua 120g o gaws wedi'i gratio
12 tafell denau o ham

Ar gyfer y tortillas
250g o flawd plaen
50g o olew heb flas, fel olew llysiau
150ml o ddŵr
½ llwy de o halen

Gallech ddefnyddio tortillas parod os ydych chi ar frys, er mai rhai cartref sy'n blasu orau bob tro!

Gwneud y pico de gallo

1. Torrwch y tomato, y winwnsyn, y coriander a'r pupur yn fân iawn a'u gosod mewn powlen.
2. Ychwanegwch halen a sudd lemon, fel bo'r angen.
3. Rhowch y pico de gallo yn yr oergell nes bydd y tortillas yn barod.

Gwneud a choginio'r tortillas

4. Rhwbiwch yr olew i mewn i'r blawd a'r halen, yna ychwanegwch ddigon o ddŵr i wneud toes meddal a llyfn.
5. Gadewch y toes mewn powlen wedi'i gorchuddio am o leiaf 10 munud; bydd hyn yn caniatáu i'r glwten yn y blawd ymlacio, gan wneud y toes yn haws i'w drin.
6. Rhannwch y toes yn 12 darn cyfartal, tua 66g yr un.
7. Rholiwch bob dogn yn bêl, yna gyda rholbren wedi'i ysgeintio'n ysgafn â blawd, rholiwch y dognau fel eu bod yn gylchoedd tenau.
8. Rhowch bob tortilla mewn padell ffrio gweddol boeth a'i gadael nes bydd swigod bach yn ymddangos dros yr wyneb a'r holl beth yn troi'n lliw tywyllach. Nawr trowch y tortilla drosodd.
9. Taenwch gaws dros arwyneb y tortilla, yna gorchuddiwch â chaead. Ar ôl 2 funud, os yw'r caws wedi toddi, rhowch ddwy dafell o ham dros hanner y tortilla.
10. Yna, gan ddefnyddio sbatwla, plygwch yr hanner arall yn ofalus dros yr ham.
11. Gwnewch hyn i gyd eto gyda gweddill y tortillas, y caws a'r ham.
12. Gweinwch bob tortilla ar unwaith gyda digon o pico de gallo. Maen nhw'n blasu orau pan fyddan nhw'n ffres o'r badell, yn grensiog ac yn diferu o gaws wedi toddi.

10 Gwlad Pwyl: Pierogi Bartek (Pi-e-ro-gi)

Mae gwneud pierogi yn haws pan fydd digon o bobl i helpu. Felly, aeth pawb draw i gartref y teulu Nowak i helpu i wneud hoff fwyd Bartek.

"Trueni nad yw Babcia gyda ni," dywedodd Bartek.

"Ti'n iawn," mwmiodd Mr Nowak. "Fe alla i ei gweld hi'n eistedd gyda ni nawr, a'r pierogi yn hedfan o'i dwylo fel hud a lledrith."

Gwenodd Mrs Nowak. "Byddai hi'n adrodd straeon fel yr un am sut y creodd santes o'r enw Hyacinth pierogi, i fwydo pobl oedd yn llwgu pan oedd bwyd yn brin."

"Mae pierogi yn fath o dwmplen. Cafodd twmplenni eu creu yn Tsieina amser maith yn ôl. Yna aeth yr anturiaethwr, Marco Polo, â'r syniad draw i Wlad Pwyl ar hyd beth oedden nhw'n ei galw yn Heol Sidan. Falle bod Hyacinth wedi teithio gyda fe," dywedodd Katie, gan blethu ei degfed pierogi yn berffaith. Roedd pawb arall yn dal i weithio ar yr un gyntaf.

"Dwi'n credu y byddai Babcia a Katie wedi bod yn ffrindiau mawr," meddai Mr Nowak gyda gwên.

Cynhwysion

Yn gwneud 30 pierogi

Ar gyfer y llenwad

1½ llwy fwrdd o olew heb flas, fel olew llysiau
2 ewin garlleg mawr wedi'u malu
450g o sbigoglys
2 winwnsyn gwyn mawr, wedi'u torri a'u ffrio mewn menyn nes eu bod yn feddal gyda darnau brown
½ llwy de o halen
200g o gaws hufen

Ar gyfer y toes

500g o flawd plaen
½ llwy de o halen
150ml o laeth cyflawn
1 wy wedi'i guro'n ysgafn
2 lwy fwrdd o iogwrt

menyn i ffrio
hufen sur ar gyfer gweini

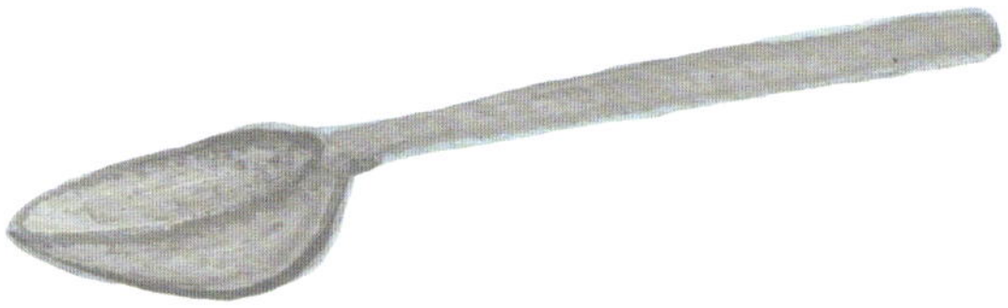

Gwneud y llenwad

Paratowch lenwad y pierogi y noson cynt. Mae hyn yn caniatáu i'r llenwad galedu. Hefyd, os yw'r llenwad yn oer, nid yw'n gwneud y toes yn wlyb pan fyddwch chi'n ceisio siapio'r pierogi.

1. Ffriwch y garlleg yn ysgafn yn yr olew am 30 eiliad.
2. Ychwanegwch y sbigoglys a rhoi caead ar y badell ffrio am ychydig funudau nes ei fod wedi gwywo'n llwyr.
3. Yna tynnwch y badell ffrio oddi ar y gwres ac ychwanegwch hanner y winwns wedi'u coginio, yr halen a'r caws hufen. Cadwch weddill y winwns.

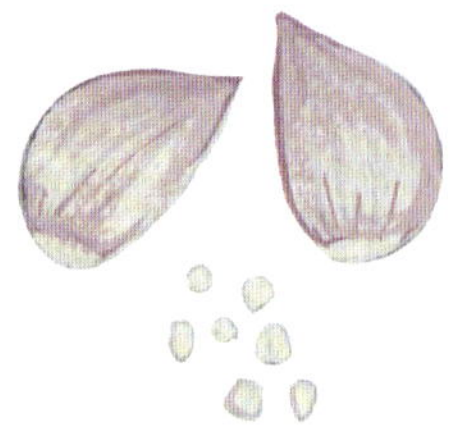

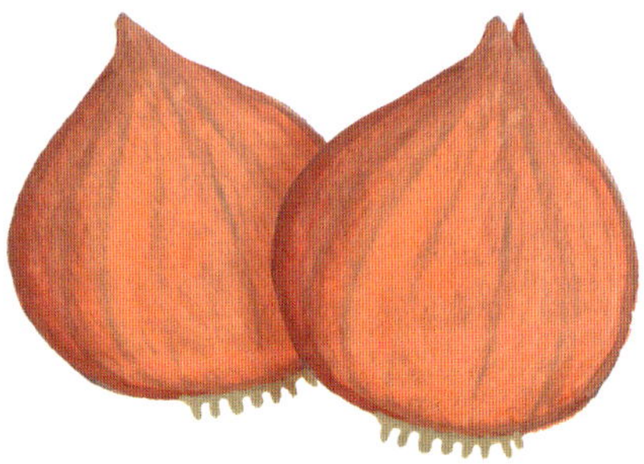

Gwneud y pierogi

4. Cymysgwch holl gynhwysion y toes a'i dylino'n dda, nes ei fod yn llyfn. Yna gosodwch y toes mewn powlen, ei orchuddio â chaead a'i adael i orffwys am 20 munud.
5. Ysgeintiwch haenen o flawd ar y bwrdd neu gownter glân lle byddwch yn gweithio. Bydd hyn yn atal eich toes pierogi rhag glynu. Rholiwch y toes i ½ cm o drwch. Torrwch gylchoedd gan ddefnyddio torrwr bisgedi 7.5cm neu dop gwydryn tua'r un maint.
6. Rhowch tua 1½ llond llwy fwrdd o lenwad yng nghanol y cylch a phlygwch un hanner dros y llenwad. Gwthiwch y llenwad yn ofalus wrth i chi dynnu dau hanner y toes at ei gilydd a'u pinsio ar gau.
7. Rhowch y pierogi ar hambwrdd glân wedi'i leinio â phapur gwrthsaim, yna gwnewch hyn eto gyda'r toes a'r llenwad sy'n weddill. Gwnewch yn siŵr nad yw'r pierogi yn cyffwrdd â'i gilydd.

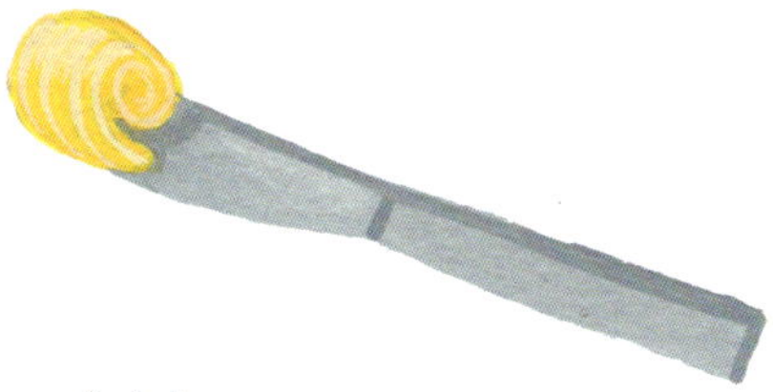

Coginio'r pierogi

8. Berwch lond sosban fawr o ddŵr hallt. Mae'n rhaid berwi'r pierogi ychydig ar y tro, gan eu troi'n ysgafn rhag iddyn nhw lynu wrth waelod y sosban. Bydd y pierogi yn codi i'r wyneb pan fyddan nhw'n barod, fel arfer mewn rhyw 4 munud. Pan fyddan nhw'n barod, defnyddiwch lwy draenio i'w trosglwyddo i blât, a gorchuddiwch y plât â ffoil er mwyn eu cadw'n gynnes.
9. Wedi i'r pierogi i gyd oeri, toddwch ychydig o fenyn mewn padell ffrio a ffriwch nhw ar y ddwy ochr nes eu bod yn grensiog ac yn euraidd.
10. Gwasgarwch weddill y winwns wedi'u carameleiddio drostyn nhw a'u gweini ar unwaith gyda hufen sur.

Pan gyrhaeddodd y Garddwyr Ifanc giatiau haearn cyrliog yr hen ardd am wyth o'r gloch y bore i ddechrau'r gwaith paratoi, roedd torf o bobl yno'n barod. A chyn hir, roedd yr ardd yn llawn ffrindiau a theulu a chyn-aelodau'r clwb. Daeth band yr ysgol i chwarae cerddoriaeth ac roedd pobl wedi dod â blancedi i eistedd arnyn nhw. Roedd pawb eisiau gwybod mwy am yr ardd a threuliodd y plant gymaint o'u hamser yn siarad am y clwb ag y gwnaethon nhw'n gwerthu'r bwyd.

Roedd Sbyd y ci, gyda'i lygaid disglair a'i gynffon fach, wedi gwneud cymaint o ffrindiau ac wedi cael cymaint o dameidiau blasus, roedd e nawr yn cysgu'n braf o dan gysgod y dail pwmpen.

Roedd yr ŵyl i fod i ddod i ben am bedwar, ond roedd pobl yn dal i ddod i mewn.

"Mae'n beth da bod Nonna bob amser yn gwneud dwywaith beth ry'n ni'n meddwl sydd ei angen," dywedodd Luca, gan roi llond platiaid o supplì poeth ar y bwrdd. "Neu fyddai dim ar ôl."

Yna roedd hi'n amser dod â'r ŵyl i ben. Roedd y Garddwyr Ifanc yn llawn cyffro o hyd wedi llwyddiant y dydd, ac yn dal eu hanadl wrth i Mr Thomas a Ms Roberts, llywydd y clwb garddio, drafod faint o arian oedden nhw wedi'i godi.

O'r diwedd, safodd Ms Roberts i siarad â'r dorf. "Roedd fy mrawd annwyl a minnau yn aelodau o'r Clwb Garddwyr Ifanc cyntaf erioed. Fe wnaethon ni blannu ein hadau cyntaf yn y tir yma a thyfu bwyd i gadw'r wlad i fynd wedi'r rhyfel, fel miloedd o bobl ar draws Cymru. Mae fy mrawd wedi mynd nawr, ond mae e'n byw yn y cof drwy'r clwb yma. Mae'r hyn rydych chi bobl ifanc wedi ei wneud i geisio cadw'r darn bach yma o dir yn anhygoel. Ddoe, cytunodd y cyngor i werthu'r tir i'r Clwb Garddwyr Ifanc, os gallech chi godi'r un faint o arian â'r cynnig sydd ganddyn nhw'n barod. Y cyfanswm ry'ch chi wedi ei godi yw ... naw cant pum deg chwech punt a phum deg un ceiniog," cyhoeddodd Ms Roberts.

"Dywedodd Mr Thomas y byddai angen miloedd. Wnaethon ni ddim hyd yn oed codi un mil o bunnoedd," mwmiodd Kim yn ddiflas.

Roedd Miriam yn cuddio ei hwyneb yn ei dwylo.

"Os galla i gael sylw pawb," galwodd Mr Thomas yn uchel, gan fod pawb nawr yn mwmian yn llawn siom. "Dyw ein llywydd ni heb orffen siarad eto."

Parhaodd Ms Roberts i siarad. "Dydyn ni heb gyfri cyfraniad y llywydd eto. Gan gyfri'r arian rydych chi wedi'i godi, a'r cyfraniad gen i, mae yna ddigon o arian i brynu'r ardd oddi wrth y cyngor. Bydd y Garddwyr Ifanc yn berchen y tir yma am byth!"

Aeth y dorf yn wyllt ac roedd pawb yn bloeddio'n hapus. Cafodd hetiau, esgidiau a photiau planhigion gwag eu taflu i fyny fry.

"Ym ... Oes rhywun eisiau bwyd?" holodd Bartek.

Am unwaith, nid fe oedd yr unig un. Roedd y Garddwyr Ifanc i gyd wedi bod yn rhy brysur yn gweithio i fwyta unrhyw beth eu hunain.

"Beth am i ni nôl ychydig o fwyd a chwrdd yn y man arferol mewn deg munud?" awgrymodd Aïda.

"Ie, yna gallwn ni drafod beth i'w blannu'r gwanwyn nesa!" dywedodd Miriam yn hapus.

"Tatws!" dywedodd Eddie gyda gwên.

Ddeg munud yn ddiweddarach, daeth y ffrindiau ifanc i eistedd mewn cylch blinedig, ond hapus, wrth yr hen goeden gellyg, gan fwynhau ffrwyth eu llafur yng ngolau cynnes machlud yr haul.

Cynghorion coginio

Sut i ferwi tatws yn berffaith
Pliciwch eich tatws a'u rhoi mewn sosban ddofn. Rhowch ddŵr oer dros y tatws gan wneud yn siŵr fod o leiaf 7.5cm o ddŵr uwchben y tatws. Mae defnyddio dŵr oer yn sicrhau fod canol y tatws yn coginio yr un pryd â'r tu allan. Rhowch y sosban ar wres uchel nes bod y tatws yn berwi. Yna, trowch y gwres i lawr er mwyn i'r tatws fudferwi.

Rhowch gyllell yn un o'r tatws i weld a ydyn nhw'n barod. Bydd taten sydd wedi'i choginio yn llithro oddi ar y gyllell yn rhwydd. Gall hyn gymryd 10-12 munud ar gyfer tatws tua 7.5cm o hyd, neu hyd at 20 munud i datws mwy. Gallwch dorri'r tatws yn ddarnau llai er mwyn eu coginio'n gynt. Bydd tatws sydd wedi eu coginio am yn rhy hir yn mynd yn ddyfrllyd a brau.

Gweithio gyda tsili'n ddiogel
Peidiwch byth â chyffwrdd eich llygaid pan ydych chi wedi bod yn gweithio gyda tsilis. Enw'r cemegyn mewn tsili sy'n eu gwneud nhw'n boeth yw capsaicin. Mae'r rhan fwyaf ohono yn y darn gwyn sy'n cysylltu'r hadau gyda'r croen, felly mae tynnu'r hadau a'r haenen wen yn ffordd dda o gael gwared ar y gwres heb golli'r blas yn eich bwyd.

Sut i wneud y baozi wedi eu stemio gorau
Lapiwch dywel sychu llestri glân o amgylch caead eich stemiwr, gan adael bwlch pitw rhwng y sosban a'r caead fel y gall rhywfaint o'r stêm ddianc. Bydd hyn yn atal i'r anwedd ddiferu ar eich baozi a gadael marciau arnyn nhw. Pan fydd y baozi wedi coginio am 20 munud, tynnwch y stemiwr oddi ar y gwres, neu ei ddiffodd yn llwyr os yw'n un trydan. Gadewch lonydd iddo am o leiaf un munud. Peidiwch â meiddio sbecian! Mae hyn yn gadael i'r tymheredd ddisgyn yn raddol fel na fydd yr oerfel sydyn yn achosi i'r baozi ddisgyn.

Olew coginio
Mae defnyddio olew blas niwtral yn bwysig pan nad ydych chi eisiau i'r olew effeithio ar flas eich bwyd. Mae olew blodyn yr haul yn iachus ac ar gael yn hawdd; nid yw'n llosgi'n hawdd iawn chwaith. Mae hefyd yn cynnwys llawer o fitamin E a braster amlannirlawn, math o fraster sy'n iach i'r corff. Opsiwn arall yw olew afocado, ond mae'n ddrutach ac nid yw ar gael ymhob man.

Bwyd y Byd
Grønland
Quesadillas
GOGLEDD AMERICA
Chouchous
9
4
1 Cymru
2 India
3 Korea
4 Moroco
5 Sénégal
6 Palesteina
7 Yr Eidal
8 Tsieina
9 México
10 Gwlad Pwyl
Y CEFNFOR TAWEL
CEFNFOR IWERYDD
DE AMERICA
5
Fataya